Rainer Maria Rilke
In den Himmeln steht ein Stern

Rainer Maria Rilke

In den Himmeln steht ein Stern

Ein Weihnachts-Bilder-Lesebuch

benno

Bibliografische Information der
Deutschen Nationalbibliothek
Die Deutsche Nationalbibliothek verzeichnet diese
Publikation in der Deutschen Nationalbibliografie;
detaillierte bibliografische Daten sind im Internet unter
http://dnb.d-nb.de abrufbar.

Besuchen Sie uns im Internet:
www.st-benno.de

Gern informieren wir Sie unverbindlich und aktuell
auch in unserem Newsletter zum Verlagsprogramm,
zu Neuerscheinungen und Aktionen.
Einfach anmelden unter www.st-benno.de.

ISBN 978-3-7462-3867-8

© St. Benno-Verlag GmbH, Leipzig
Zusammenstellung: Volker Bauch, Leipzig
Umschlaggestaltung: Ulrike Vetter, Leipzig
Gesamtherstellung: Kontext, Lemsel (A)

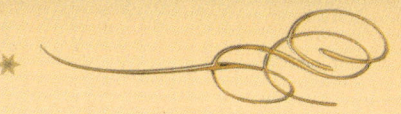

Der Abend kommt von weit –
des Winters Einsamkeit

Der Abend kommt von weit gegangen
durch den verschneiten, leisen Tann.
Dann presst er seine Winterwangen
an alle Fenster lauschend an.

Herbst

Die Blätter fallen, fallen wie von weit,
als welkten in den Himmeln ferne Gärten;
sie fallen mit verneinender Gebärde.

Und in den Nächten fällt die schwere Erde
aus allen Sternen in die Einsamkeit.

Wir alle fallen. Diese Hand da fällt.
Und sieh dir andre an: es ist in allen.

Und doch ist Einer, welcher dieses Fallen
unendlich sanft in seinen Händen hält.

„ ... der Winter ist, auch heuer wieder, die Zeit meiner réclusion, wie ein Baum gehe ich nach innen, außen ganz Schweigsamkeit, Stamm und Geäst, mit nicht dem kleinsten Wort-Blättchen an mir." Während das Abwerfen des Laubes im Herbst noch ein letztes bewegtes Spektakel bot, bedeutet der Winter die reine Eingeschlossenheit, die Verlegung allen Fortschritts nach innen. Um diese höchste Konzentration zu erreichen, wünscht der Dichter sich – nun die gängigen Metaphern der Jahreszeiten hinter sich lassend: „Ununterbrochenheit und Innerlichkeit, die das Gestein hat im Innern der Berge, wenn's sich zum Kristall zusammennimmt."

Von den kleinen Dingen

Die meisten Menschen wissen gar nicht, wie schön die Welt ist und wie viel Pracht in den kleinsten Dingen, in irgendeiner Blume, einem Stein, einer Baumrinde oder einem Birkenblatt sich offenbart.

Die erwachsenen Menschen, die Geschäfte und Sorgen haben und sich mit lauter Kleinigkeiten quälen, verlieren allmählich ganz den Blick für diese Reichtümer, welche die Kinder, wenn sie aufmerksam und gut sind, bald bemerken und mit dem ganzen Herzen lieben.

Und doch wäre es das Schönste, wenn alle Menschen in dieser Beziehung immer wie aufmerksame und gute Kinder bleiben wollten, einfältig und fromm im Gefühl, und wenn sie die Fähigkeit nicht verlieren würden, sich an einem Birkenblatt oder an der Feder eines Pfauen oder an der Schwinge einer Nebelkrähe so innig zu freuen wie an einem großen Gebirge oder einem prächtigen Palast. Das Kleine ist ebenso wenig klein als das

Große groß ist. Es geht eine große und ewige
Schönheit durch die ganze Welt, und diese ist
gerecht über den kleinen und großen Dingen
verstreut.

Die Stille hören

Es ist lange her, ich wohnte damals in der Nähe Berlins, halb auf dem Land, und war mit anderen Arbeiten beschäftigt. Da stellten sich mir, seit einer ganzen Zeit schon, morgens beim Erwachen oder an den Abenden, da man die Stille hörte, Worte ein, die aus mir austraten und im Recht zu sein schienen, Gebete, wenn man will, – ich hielt sie dafür, ja nicht einmal: Ich sprach sie hin und ordnete mich an ihnen für das Unbekannte des Schlafs oder des beginnenden Tags. Aber endlich fiel mir die Stärke und das Wiedereinsetzen dieser inneren Diktate doch auf, ich begann eines Tages, Zeilen davon aufzuschreiben, das Aufschreiben selbst bestärkte und lockte die Eingebung, zu der unwillkürlichen Freude der inneren Bewegtheit kam die Lust an dem, was nun schon Arbeit war, und über diesem Eingehen auf eine innere Akustik bildete sich in steten Fortschritten das heraus, was Sie als das „Buch vom mönchischen Leben" kennen.

Brief an Marlise Gerding am 14. Mai 1911 aus Paris

Im Innern der Berge

Vor Jahren, im Winter 1912, hatte ich das einmal, Stille, Einsamkeit, wirkliche, vier, fünf Monate lang, es war unerhört. Und gerade jetzt sehn ich mich nur nach dem Einen, die damals begonnenen großen Arbeiten wieder aufzunehmen; dazu braucht's aber die Ununterbrochenheit und Innerlichkeit, die das Gestein hat im Innern der Berge, wenn's sich zum Kristall zusammennimmt. Gestern noch dachte ich mir: wie soll ich mir das von Gott verdienen? Was tut ihm die stumme Kreatur im Mineral dafür, dass er ihr das gewährt, beschäftigt zu sein, jahrelang, mitten im Gesetz –, und er reißt sie nicht heraus: sie schafft, sie gelingt!

Brief an Dory von der Mühll am 24. Dezember 1919

Mein inneres Gärtnern war herrlich diesen Winter. Das plötzlich wieder heile Bewusstsein meiner tief bestellten Erde ergab mir eine große Jahreszeit des Geistes und eine lange nicht mehr gekannte Stärke des Herzstrahles. Die mir über alles lieben (1912 in großartiger Einsamkeit begonnen und seit 1914 fast ganz unterbrochenen) Arbeiten konnten wieder aufgenommen –, konnten, unter unendlicher Fähigkeit, zu Ende gebracht werden. – Daneben ging eine kleine Arbeit her, fast ungewollt, ein Nebenstrom, über fünfzig Sonette, die Sonette an Orpheus genannt, und geschrieben als ein Grabmal für ein jung verstorbenes Mädchen. (Sieben daraus hab ich für Sie in ein kleines Heft eingetragen, das ich hier beifüge.) Wäre diese Auswahl größer geworden, oder könnte ich Ihnen die andere, die große Hauptarbeit vorlegen, – Sie würden merken, wie, an manchen Stellen, die Ergebnisse unserer Winter einander ähnlich sind. Sie schreiben von dem in jedem Moment schon Erfülltsein, schon Überreichsein des inneren Daseins, von einem (wenn man nur recht zusieht) alle später möglichen

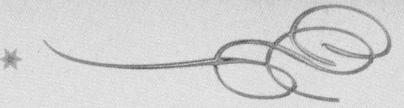

Entbehrungen und Verluste schon von
vornherein überwiegenden und gleichsam
widerlegenden – Besitz. – Genau dies habe
ich diesen langen Winter in der Tiefe meiner
Arbeit erfahren, mehr und unwiderruflicher, als
ich es bisher wusste: dass das Leben jedem
späteren Armwerden mit den seine Maße
übertrefflichsten Reichtümern schon längst
zuvorgekommen sei. – Was also bliebe zu
fürchten? – Nur, dass man dies vergäße! Aber
um uns, in uns, wie viel Hülfen zur Erinnerung!

Brief an Lisa Heise am 19. Mai 1922

Du meine heilige Einsamkeit,
du bist so reich und rein und weit
wie erwachender Garten.
Meine heilige Einsamkeit du –
halte die goldenen Türen zu,
vor denen die Wünsche warten.

Freude im Advent

Es treibt der Wind im Winterwalde

Es gibt so wunderweiße Nächte,
drin alle Dinge Silber sind.
Da schimmert mancher Stern so lind,
als ob er fromme Hirten brächte
zu einem neuen Jesuskind.

Warum denken Sie nicht, dass er der Kommende ist, der von Ewigkeit her bevorsteht, der Zukünftige, die endliche Frucht eines Baumes, dessen Blätter wir sind? Was hält Sie ab, seine Geburt hinauszuwerfen in die werdenden Zeiten und Ihr Leben zu leben wie einen schmerzhaften und schönen Tag in der Geschichte einer großen Schwangerschaft? Sehen Sie denn nicht, wie alles, was geschieht, immer wieder Anfang ist, und könnte es nicht *Sein* Anfang sein, da doch Beginn an sich immer so schön ist? Wenn er der Vollkommenste ist, muss nicht Geringeres *vor* ihm sein, damit er sich auswählen kann aus Fülle und Überfluss? Muss *er* nicht der Letzte sein, um alles in sich zu umfassen, und welchen Sinn hätten wir, wenn der, nach dem wir verlangen, schon gewesen wäre?

Brief an Franz Xaver Kappus am 23. Dezember 1903

An Clara Rilke-Westhoff

[...] kann man am Weihnachtsabend einen
Brief lesen; aber vor allem: wie soll man vier
Tage vorher einen schreiben, der an diesem
Abend gelesen werden kann? Ich schreibe
nicht an Ruth. Nicht ich bin es ja, der zu ihr
reden soll, auch Du bist es nicht, obwohl Du
neben ihr sein wirst und ihr feines weiches
Haar an Deiner Wange fühlen wirst, wenn
Ihr zusammen in den Baum hineinschauen
werdet, der zu Euch reden soll, zu ihr vor
allem, dem lieben, lieben Kind, das nun, wenn
Du sie wiedersiehst, schon ein wenig weiter
an Dir emporreichen wird und tiefer in Deine
Hand hinein. Sieh sie gut wieder [...] sieh sie
nicht allein mütterlich wieder, sieh sie auch
mit Deinen ernsten Arbeitsaugen an: dann
wirst Du ganz froh sein können. Vor diesen
Augen wird dieser Abend vollkommen sein,
und es wird Dir, wenn Du Dich nicht verwirren
lässt, nicht befremdlich und nicht bange
scheinen, dass ich nicht wirklich neben Euch
stehe: [...] nichts, nichts kann mich ja hindern,
um Euch zu sein, so dass Ihr mich empfindet;

und wenn ich wirklich da war sonst, so war
doch (von jenem ersten Weihnachtsabend in
Westerwede abgesehen) immer vieles von mir,
was nur vorwurfsvoll dabeistand, was, wenn
auch nicht im letzten Augenblick, so doch noch
eine Stunde vorher, gerne hätte allein sein
mögen, fern, weiß Gott wo. Dieses Gesicht,
das Deinem begegnete und von Ruths lieben
kleinen Händen manchmal genommen und
an eine feste, warme, frohe Wange gehalten
worden war, dieses Gesicht fühlte sich so
unfertig auch an jenem Abend, und war es ja
auch. Dieses Gesicht müsste in Einsamkeit
sein, viel hinter seinen Händen, viel im
Dunkel. Es müsste für seine Gedanken da sein
und aus seinen Gedanken hinausschauen zu
niemandem hin, ein Stück Himmel findend,
einen Baum, einen Weg, etwas Einfaches,
wobei es anfangen kann, etwas, was ihm
noch nicht zu schwer ist: wie oft, wenn Ihr es
ansaht [...] ist es ein in seiner Unfertigkeit
zerstreutes gewesen, eines, das nicht tief
genug nach innen und nicht weit genug nach
außen gegangen war, ein auf halbem Wege
stehen gebliebenes Gesicht, wie ein nur

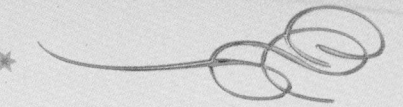

teilweise belegter Spiegel, an manchen Stellen spiegelnd, an anderen durchsichtig, und Ihr habt nie darin die Größe Eueres Vertrauens und das Ganze Euerer Liebe gesehen, das aufzunehmen es nicht fähig war. Aber wenn es Euch einmal besser soll zurückgegeben werden, so muss noch lange, Nacht und Tag, daran gearbeitet werden. Für diese Weihnachten ist es nicht fertig geworden. Aber es ist in guten Händen, und wenn es ein wenig weiter ist, sollt Ihr's wiedersehen, und dann wird jedes Mal auch etwas wie Weihnachten sein; jedes Mal, auch mitten im Jahre. Erinnerst Du [...] unsere beiden verhaltenen Weihnachtsabende? (den in der rue de l'Abbée de l'Epée, den im römischen Studio al Ponte, die beide ja so viel weniger gültig waren, weil keiner von uns bei Ruth an der Stelle sein konnte, wo alles von selbst zu Weihnachten wird, wenn die Stunde kommt) – wie sehr haben wir damals schon gefühlt, dass wir unsere Arbeit so tief mit uns vermischen müssen, dass ihre Werktage aus sich heraus zu Festen führen, zu unseren eigentlichen Festen. Alles andere ist ja nur ein Stundenplan, wie

wir ihn in der Schule gehabt haben; lauter,
lauter Festgesetztes und die leeren Stellen
für den Sonntag und für Weihnachten und
Ostern. Leere Stellen, die man mit etwas
anfüllt, was zu dem Anderen, Ausgemachten
in Widerspruch steht; und so ein bisschen als
Ferien, haben wir alle jene Gezeiten immer
noch aufgenommen, die mit dem Kalender
heraufkamen, uns zerstreuend an ihnen und
das Ende immer gerne hinausschiebend,
obwohl wir doch schon ein Vorgefühl hatten
jener aus dem eigenen Herzen stammenden
Feste, die kein Widerspruch sind zu den
Wochen, die sie unmerklich herbeiführen,
und keine Zerstreuung und kein Hinzögern
unbestimmter Tage. Nur einmal vielleicht, seit
wir zusammen sind, fiel beides in dieselbe
Zeit. Du weißt wann. Am zwölften hab ich
jenes unbeschreiblich Weihnachtliche so
stark wieder durchlebt, das damals unser
einsames Haus erfüllte und nicht aufhörte,
darin zuzunehmen, so dass man hatte
glauben mögen, es müsse schon weit darüber
hinausreichen in die kalten Tage hinein, in
die langen Adventnächte; es müsse sichtbar

sein selbst für die, die ferne vorüberfahren, und alles verändert haben, so dass Menschen von weit herüberkommen und schauen. Aber niemand kam, und was da stand, war nichts als ein kleines Haus, mit einem riesigen dichten Dach überhäuft, das den Menschen alltäglich schien, von dem die Engel aber vielleicht wussten, dass es die richtigen Maße habe, die, mit denen der große Raum, der es umgab, von ihnen durchmessen wird. Es war wie der kleinste Teil jenes unendlichen Maßstabes, die Maßeinheit, die immer wieder kommt und mit der man bis ans Ende reichen kann, ohne etwas anderes hinzuzufügen als immer wieder dasselbe.

Du weißt [...] was mir in meiner frühen Kindheit Weihnachten war; selbst noch dann, als die Militärschule mir ein wunderloses, hartes, unbegreiflich boshaftes Leben so glaubhaft vortäuschte, dass mir keine andere neben jener unverschuldeten Wirklichkeit möglich schien; selbst dann noch war Weihnachten wirklich und war das, was mit einer Erfüllung herankam, die über alle Wünsche hinausging, und wenn es über die

äußersten letzten nie noch gewünschten hinaus war, dann begann es erst recht, dann faltete es, das bisher gegangen war, Flügel aus und flog, flog, bis es nicht mehr zu sehen war und man nur noch die Richtung wusste, in dem großen fließenden Licht.

Und alles das hatte noch immer, immer noch Macht über mich. Und in jedem dieser Jahre, wenn ich für uns oder für Ruth ein Weihnachten aufbaute, so verachtete ich ein wenig mein Gebautes, weil es so weit hinter jenem Wunder zurückblieb, von dem ich wusste, dass es in meiner Phantasie nicht willkürlich und hemmungslos gewachsen war: so groß, so unbeschreiblich war es schon immer gewesen.

Und nun saß ich am zwölften lange und dachte; dachte an die ganze tiefe Gnadenzeit, die damals durch unsere Herzen ging. Fühlte den Vorabend wieder im Wohnzimmer: den Morgen, den frühen erst, bei der Kerze, in dem das Neue anstieg, wie eine Überschwemmung Angst verbreitend und Schrecken; dann den späteren Morgen im Winterlicht mit seiner völlig neuen Ordnung, mit seiner Ungeduld,

seiner bis ans Äußerste angespannten
Erwartung, die an den kleinen, momentanen
und greifbaren Erfüllungen zu immer stärkerer
Spannung wuchs; dann dieser ganze steile
Vormittag, als ob man einen Berg rasch, viel
zu rasch hinanmüsste, und endlich in all
dem Unwissen, nicht Vorstellbaren, nicht
Möglichen: etwas Wirkliches, eine Wirklichkeit,
die in unerhörter Weise mit dem Wunderbaren
verbunden, von ihm kaum zu unterscheiden
war und doch wirklich. Und danach
endlich, allmählich sich ausbreitend, eine
Erleichterung, die erst wie jene Erleichterung
aufgenommen wurde, die kommt, wenn ein
Schmerz aussetzt, und doch eine ganz andere,
andauernde war, wie sich später zeigte. Und
nun plötzlich ein Leben, auf dem man stehen
konnte; nun trug es einen und wusste von
einem, während es trug. Was wäre ich ohne die
Stille, die damals in mir entstand; was ohne
dieses ganze Erlebnis, in dem Wirklichkeit
und Wunder dasselbe geworden waren; was
ohne diese Wochen der Hingabe, bei der ich
zum ersten Mal nicht verlor; was ohne diese
schlichten Dienste, die eine Bereitschaft in

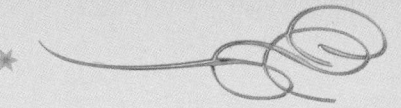

mir aufweckten, von der ich nicht wusste; was
ohne diese Nachtwachen: wenn die Nacht,
die Winternacht, mir kalt auf den Augen lag,
die ich schloss, einen fernen Stern draußen
durch das Rankenwerk der Weinlaube mit
hereinziehend in dieses Schließen; wenn
einfach Stille war. Stille von jener größten
Stille, die ich noch nicht kannte, während
vor diesem Hintergrund die kleinsten der
unbegreiflich neuen Geräusche sich mit klarer
Deutlichkeit abzeichneten.
Kaum je hat einer, der nicht arbeitete, mit
so viel Recht und Eifer, mit so inständigem
Stillhalten gewacht, wie ich damals, da,
wie ich jetzt weiß, an mir gearbeitet wurde.
Wie eine Pflanze, die ein Baum werden soll,
ward ich damals aus dem kleinen Gefäß
herausgenommen, vorsichtig, während Erde
abfloss und etwas Licht zu meinen Wurzeln
kam, und wurde endgültig eingesetzt an meine
Stelle, dort, wo ich stehen bleiben sollte bis in
mein Alter, in die große, ganze, wirkliche Erde.
Und als ich dann am zwölften weiterdachte,
und dachte, dass dann Weihnachten kam,
da fiel mir nur dieses Weihnachten ein, die

Diele nur, die so groß und helldunkel war bis
an den hellen, großen Baum heran, zu dem
Du eine Weile herantratest, schnell, mit einer
Unsicherheit, die wieder ganz mädchenhaft
war, mädchenhafter als alles, das kleine
Köpfchen an Dein schönes Gesicht haltend
und mit ihm in den Glanz hinein, den Ihr beide
nicht sehen konntet, jedes von seinem eigenen
Leben erfüllt und von dem des anderen.
Da erst merkte ich, dass mir dieses
Weihnachten noch da war und nicht wie eines,
das einmal war und vergangen ist, sondern wie
ein immerwährendes, ewiges Weihnachtsfest,
zu dem das innere Gesicht sich hinwenden
kann, sooft es seiner bedarf.
Auf einmal war Freude und Seligkeit und
Erwartung der anderen klein geworden
dahinter; als wären das mehr meines
treuen guten Vaters Weihnachten gewesen,
seines besorgten, fürsorgenden Herzens
eigenstes Fest. Dieses aber war meines:
in seinem Helldunkel, seiner Stelle und
Unwiederholbarkeit [...]
Aus diesem allem entstand mir auch die
Fähigkeit, diese Weihnachten einmal allein

und doch nicht bange oder traurig zu sein.
Nun schreibe ich nicht weiter, sondern denke
nur noch, und Ihr werdet es fühlen.

*Brief an Clara Rilke-Westhoff am 1. Januar 1906
von Capri, Villa Discopoli*

Wenn so ein Weihnachten herankam und zögerte und plötzlich da war, so nah vor dem Herzen, wie ein Berg, an dem man nicht hinaufsehn kann, – welches Erleben erlebten wir da nicht? Welche Erwartung blieb außerhalb, welche Freude wurde uneröffnet zurückgelegt; und wie viel Schicksal war aufgelöst in alledem, wie viel von Traurigkeit und Tod tranken wir mit einem Tropfen Enttäuschung, der süß war wie alles andere und doch so anders in seiner Süße –.
Ich merke nun, wie sehr es in der Arbeit wiederkommen will, dieses Alles-in-Allemsein, das die Kindheit war.

Brief an Sidonie Nádherný von Borutin am 15. Dezember 1907 aus Oberneuland

Da kommst du nun,
du altes zahmes Fest

Da kommst du nun, du altes zahmes Fest,
und willst, an mein einstiges Herz gepresst,
getröstet sein. Ich soll dir sagen: du
bist immer noch die Seligkeit von einst
und ich bin wieder dunkles Kind und tu
die stillen Augen auf, in die du scheinst.
Gewiss, gewiss. Doch damals, da ichs war,
und du mich schön erschrecktest, wenn die Türen
aufsprangen — und dein wunderbar
nicht länger zu verhaltendes Verführen
sich stürzte über mich wie die Gefahr
reißender Freuden: damals selbst, empfand
ich damals dich? Um jeden Gegenstand
nach dem ich griff, war Schein von deinem
Scheine,
doch plötzlich ward aus ihm und meiner Hand
ein neues Ding, das bange, fast gemeine
Ding, das besitzen heißt. Und ich erschrak.
O wie doch alles, eh ich es berührte,
so rein und leicht in meinem Anschaun lag.
Und wenn es auch zum Eigentum verführte,
noch war es keins. Noch haftete ihm nicht

mein Handeln an; mein Missverstehn; mein Wollen
es solle etwas sein, was es nicht war.
Noch war es klar
und klärte mein Gesicht.
Noch fiel es nicht, noch kam es nicht ins Rollen,
noch war es nicht das Ding, das widerspricht.
Da stand ich zögernd vor dem wundervollen
Un-Eigentum. Da war es mir genug.
Da trüg es mir die Augen im Gesicht.
[Dich meint ich nicht, du Fest, das schenken
mag, das gebig ist]

Vor Weihnachten 1914 – Entwurf

Als ich dir vor einem Jahr, von Wien aus, meinen Weihnachtsbrief sandte, da dachte ich unwillkürlich, die nächsten Weihnachten würde, *müsste* die Welt wieder im Heilen sein. Sie ist es nicht, und wenn das Bewusstsein ihres unaufhörlichen Wund- und Geschlagenseins über jedem Tag liegt, über jeder Nacht, wie sehr erst erfüllt und erschwert es das Erlebnis gerade dieses, des Heiligen Abends, des Abends, an dem zu Erden das Heil geboren wurde, das misskannte, misshandelte, geopferte Heil der Welt. Voriges Jahr gab es keinen in der Victorgasse, und ich weiß nicht, ob ich heuer den Glanz eines Christbaumes ertrüge, ja ob nicht das mindeste Geschenk zum Gewicht würde in meiner Hand. Es ist so viel Schwere in der Luft, dass sie in jeden Gegenstand schlägt, den man zu fassen und zu halten genötigt ist –, und das Scheinen und Flackern jedes Lichts, weit entfernt ein Schimmer zu sein, nimmt die Bedeutung der namenlosen Unsicherheit an, in der wir leben. Wer hat das Herz, eine Feier aus sich aufzubringen, wer wird die Kraft haben zum Weihnachtslied anzusetzen? Wer wird knien dürfen und nichts als feierlich sein? Neben dem Feiern ist in jedem das stumpfe Trauern, und die Stimme, die das Weihnachtslied zu heben hat, hat an der Klage vorbeizugehen. Und das Knien, das Erhebung bedeutet, ist dasselbe Knien, das Unterwerfung ausdrückt unter den Druck eines den ganzen Raum ausfüllenden Schicksals. Und doch, liebe Mama, indem uns noch einmal zugemutet wird, in so schwer verhängter Welt das heilige Fest hinzunehmen, wird die Probe an uns gerichtet, ob wir über *uns* hinaus zu feiern verstehen. Denn nicht uns feiern wir in diesem heilhaft geborenen Kind, sondern die Kräfte des höheren Geistes. Auch nicht seine Wendung zu uns, denn wir haben sie verschmäht und verleugnet und haben ihn nicht zur Einkehr zugelassen. Den Geist selbst, seine lautere Verwandlung in ein sichtbares Kind, seine Einsamkeit und Unschuld, sein Bei-uns-in-Gefahrsein beten wir an und begehen es im erhobenen Gemüt. Wir haben nichts gemein mit diesem göttlichen Kinde, als dass wir's grade noch wahrnehmen, wie die Könige und

die erstaunten Hirten den Stern wahrnehmen, der über seiner Ankunft in den Himmeln ging. Dieses Kind in seiner unübertrefflichen Armut ist für uns die äußerste Stelle der Welt, das Ende unseres Augenlichts, das Fernste unseres Herzens: darum ist es so klein, ist ein Kind aus Entfernung, und wächst uns nicht auf als am Kreuze, das mitten in unserem Herzen steht. Und doch vielleicht befestigt der Zwang ein solches Fest in solcher Zeit zu feiern (das Fest der Unschuld mitten in einer Welt verstricktester Verschuldung) vielleicht bestärkt diese Not in uns den Entschluss, nie das Unsere zu preisen, sondern an den Weiten unseres Wesens uns zu heiligen. Und so sehr ich mich unfähig fühle, Weihnachten in meiner Stube anzurichten, saß ich in der Mitternachtsmette oben an der Orgel, ich stimmte gleichwohl den stärksten Psalm an und priese die unerschöpfliche Weihnacht.

Brief an die Mutter Sophie Rilke
an Weihnachten 1916 aus München

Meine liebe Mama,

wieder zu unserer gesegneten Stunde das liebevollste Gedächtnis vergangenster Weihnachts-Tage und der Wunsch, es möchten dir nun, nach so böser Zeit, mit jedem Jahr stillere Feste, friedlichere, und endlich auch wieder solche in einem kleinen, wirklich eigenen Heim vergönnt sein!

Da dies ausgesprochen ist, ist eigentlich alles ausgesprochen, denn nun heißts nicht lesen, sondern *in-sich-gehen* und der heiligsten Feierstunde des Jahres die Krippe im eigenen Herzen bereiten, dass sie drin, und der Heiland in ihr, recht innig wieder zur Welt kommen möge!

Was ich Dir wünsche, liebe Mama, ist, dass an diesem weihevollen Abend das Erinnern aller Not, ja das Bewusstsein der nahen Sorge und Unsicherheit des Daseins ganz aufgehalten und gewissermaßen aufgelöst sein möchte in jenem innersten Wissen um die Gnade, der ja keine Zeit zu dicht im Verhängnis und keine Bangheit so verschlossen ist, dass sie nicht zu *ihrer* Zeit – die *nicht* die unsrige ist! – einzutreten und das scheinbar Unüberwindliche mit ihrem milden Sieg zu durchdringen wüsste. Es gibt keinen Moment im langen Jahre, wo man sich ihre immerfort mögliche Erscheinung und dann Allgegenwärtigkeit so lebhaft ins Gemüt zu rufen vermöchte, wie diese über die Jahrhunderte hin unabhängige Winternacht, die durch die unvergleichliche Hinzukunft jenes alle Wesen umwandelnden Kindes die Summe aller übrigen Erdennächte an Wert mit einem Schlag überwog und übertraf. Mag der leichte Sommer, wo das Dasein um ein Beträchtliches erträglicher und mühloser scheint, wo wir nicht so unmittelbarer Anfeindung aus der Luft und aus der heiter beschäftigten Natur uns zu erwehren haben –, mag der glücklichere Sommer uns mit Tröstungen verwöhnen, – was sind sie alle gegen die unermesslichen Trostschätze dieser außen unscheinbaren, ja armen Nacht, die nach innen zu plötzlich offen steht wie ein Alle umfassendes und wärmendes Herz und die wirklich mit Schlägen ihres glockentönigen Herzens antwortet auf unser Hinein-Horchen in den innersten Gewahrsam! Alle Verkündigungen der Vor-Zeit reichten

nicht hin, *diese* Nacht anzusagen, alle Hymnen, die zu ihrem Preise gesungen worden sind, reichten nicht an die Stille und Spannung heran, in der Hirten und Könige niederknieten –, so wie ja auch wir, keiner von uns, je imstande gewesen ist, während diese Wunder-Nacht ihm geschieht, die Maße seines Erlebens anzugeben.

Es ist so recht das Mysterium von dem knieenden, von dem tief knieenden Menschen: dass er größer sei, seiner geistigen Natur nach, als der stehende! welches in der Nacht gefeiert wird. Der Knieende, der sich ganz ans Knieen gibt, verliert allerdings das Maß seiner Umgebung, selbst aufschauend, wüsste er nicht mehr zu sagen, was groß und was klein ist. Aber ob er gleich in seiner Abgebogenheit kaum die Höhe eines Kindes hat, so ist er, dieser Knieende, doch nicht klein zu nennen. Mit ihm verschiebt sich die Skala, denn er, indem er der eigentümlichen Schwere und Kraft in seinen Knien folgt, und die Stellung einnimmt, die sich zu ihnen hinbezieht, gehört bereits zu jener Welt, in der Höhe – Tiefe ist. – und wenn schon Höhe unserem Blick und

unseren Apparaten unermeßlich bleibt –: wer
ermäße die Tiefe?
Dieses aber ist die Nacht der aufgetanen
strahlenden Tiefe –: möge sie Dir, liebe Mama,
geweiht und gesegnet sein. Amen.
Für die Sechs-Uhr-Stunde der Weihnacht 1920.

René

*Brief an die Mutter Sophie Rilke am 17. Dezember
1920 vom Schloss Berg am Irchel (Kanton Zürich)*

Weihnachtsstille

Da – – sinkt auf schneeigen Schwingen
die tannenduftende Nacht

Da schwebt beim Scheine der Kerzen
ganz leis nur, kaum, dass du's meinst,
durch arme irrende Herzen
der Glaube – ganz so wie einst …

Möge das heilige Christkind auch zu Dir, und vor allem zu Dir, tröstlich hell, mit seinem lautersten Segen kommen, liebe Mama, dich beschenkend: womit?: mit der innigen Gewissheit, dass, wie die Zeiten und Unzeiten sich auch gebärden, das geschützte, das heimliche Herz ein Schauplatz und eine Insel Gottes ist, eine Niederlassung der Himmel, in der Friede sein kann, Hoffnung und heilige Freude, wenn auch die ganze Welt unter Schicksal und Zerstörung steht! Gott ist das einzige Erlebnis unseres Wesens in seinem Kerne, in seiner Einheit und Innigkeit; wo wir wirklich erleben, vermögen wir nichts anderes als ihn, den Ansatz und Anlauf zu ihm, denn dass er sich in uns nicht vollzieht und begreift, sondern nur eben anschlägt, das soll uns an seiner Gegenwart nicht irre machen. So stark ist er, dass selbst die stärkste Heimsuchung keine Kraft hat vor ihm; und in der Ahnung schon, in jedem Vorgefühl seines Angesichts ist unser Elend und aller Tod in der Welt überwogen und aufgehoben. Dies soll der Weihnachtsstunde Glanz und Weihe sein, dass wir die Schuldlosigkeit Gottes zugeben im Bilde des

menschlichen Kindes: so wie dieses hereingerät
in die Mutter und in den blutlichen Bezug und
sich muss gebären lassen in ein vertrauliches
Fremdes hinein, so kommt Gott, inwissend,
in unserem Geiste zur Welt und wird verstrickt
und verbildet darin und hineingeschlossen wie
das Kind in seine unsägliche Kindheit. Wenn
aber das irdische Kind abgeht von sich und sich
selber ausgeredet wird, und zögernd oft nur
ein Zehntel seines Wachstums erreicht unter
den Menschen –, nicht so das Kind Gott, das in
unserem Geiste wahr und gewaltig ist und sein
vollkommenes Leben hat über unseren Geist
hinaus, aber immer wieder geboren in ihm,
immer wieder sich rührend in ihm, in ihm seine
ersten Schritte versuchend.

Brief an die Mutter Sophie Rilke
am 19. Dezember 1915 aus Wien

Heute wollen wir uns finden im
Bewusstsein des herzlichen Heilands, der
den Menschen immer wieder zur Welt geboren
wird, um ihnen immer wieder die Möglichkeit
einer tiefen Verjüngung und Geburt mitten
im abgestorbenen Winter anzubieten. Lass
uns friedliche und zuversichtliche Gedanken
fassen, liebe Mama, und alles Eingestürzte
und Verfallene in uns erfahre seine reinste
Erbauung im Glauben an ein Heil, nach dem
wir namenlos verlangen und nach welchem
vielleicht alle Menschen entschlossener
und leidenschaftlicher greifen werden, wenn
das Unheil und die Heimsuchung dieser
Schreckensjahre zu Ende geht.

*Brief an die Mutter Sophie Rilke am 19. Dezember
1917 aus München*

Das Christkind

„Gestorben" stand in gleichgültigen, brutalen, feuchtleuchtenden Lettern in dem dicken, grünen Krankenhausbuch. In derselben Zeile war zu lesen: II. Stock, Zimmer 12, Nummer 78. Horvát, Elisabeth, Försterstochter, 9 Jahre alt.

Der frühe Februarabend sah wie mit rotgeweinten Büßeraugen, müd und mürrisch, in das Zimmer 12. Die grau-weißen Wände der Krankenstube schienen in dem gleichfarbenen Dämmer zu zerfließen, und das schwarze Holzkreuz schwebte frei in der Luft. Die Eisenbetten waren in verschwommenen Umrissen sichtbar. Die dämmerige Atmosphäre lag wie ein Bann auf den Kindern, deren je zwei ein Lager teilten. Irgendwo in dunkler Ecke weinte eines trostlos und leise, ein anderes erzählte mit weicher, vorsichtiger Stimme, als ob es am Bett der kranken Mutter säße, und ein kleines Mädchen, dem Fenster zunächst, hockte aufrecht in den Kissen, die Arme um die aufgestemmten Kniee geschlungen. Sein Profil und die rundliche Schulter hoben sich scharf

als Silhouette ab von dem blassgrauen Fenster.
Und die karbolsatte Luft war so dicht, dass es
schien, als prallten die schüchternen Laute des
plaudernden Mädchens an ihr ab, und nur das
versteckte Weinen aus der dunkeln Ecke bohrte
sich mit spitzen Tönen in das Dämmer. So ist
es im Wald an den Nebelnachmittagen des
Frühherbstes: Die Stimmen aus Bach und Kraut
versickern in dem Dunstmeer, und nur das
Wimmern windgequälter Wipfel zittert durch
den einsamen Tann.

Jetzt trat die wartende Schwester zärtlichen
Schrittes in die Stube ein. Sie entzündete die
Gasflamme, die, hinter grünem Zeug versteckt,
an der Mittelwand des Zimmers angebracht
war. Das mondscheinfarbene Licht flutete
weich wie eine an flachem Sande landende
Welle durch den Raum und beleuchtete
fast gleichmäßig die fünf Eisenbetten. Die
Schwester aber schob den Vorhang ein wenig
beiseite: ungehemmt, mit rücksichtsloser
Gewalt brach das grelle, rote Licht hervor.
Eines von den mattschwarzen Wandtäfelchen
war jetzt voll beschienen; es trug die Nummer
78. Das Bett darunter war zerwühlt und leer.

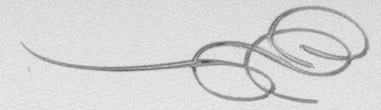

Die Schwester trat hinzu, entfernte die Linnen und glättete die Matratzen.

Die Kinder waren alle verstummt. Sie folgten jeder Bewegung der Schwester mit geblendeten, lichtscheuen Blicken. Sogar die Kleine in der Ecke weinte nicht mehr. Sie saß aufrecht, den Kopf in beide Fäustchen gepresst, und unter der schneeweißen Stirnbinde glühten ihre Augen, groß, wie eine einzige dunkle Frage.

Die Wärterin warf ihr die Puppe, die sie im verlassenen Lager gefunden, in den Schoß. Das Kind zuckte nur leicht zusammen und rührte das Spielzeug nicht an. Als starrte es in eine grelle vernichtende Flamme, sprühte in seinen Fieberaugen ein unsteter, flackernder Widerschein auf. Und in unbestimmtem Bangen verkroch sich das Kind, das das Bett mit ihm teilte, unter die Decke.

Da wandte sich die Kleine beim Fenster, und ihre Stimme war wie ein Sonntagslied:

„Ist die Betty jetzt ein Engel?"

Die Schwester nickte und lächelte und breitete mit ihren weißen Händen die hellblaue Hülldecke über das leere Bett.

Der Tod ist ein Nummerwechsel. – Die kleine
Elisabeth lag jetzt drunten in der Kammer,
deren weiße Außenwände sie oft vom Fenster
aus gesehen hatte. Sie war kleiner geworden
und brauchte mit ihren abgefrorenen Füßchen
wenig Raum in dem schlichten Holzbett, an
dem schon die neue Nummer angeheftet war.
Die Nummer der Grube da draußen. Die war
schon bereit; aber sie gähnte nicht schwarz wie
der Rachen eines Untiers. Die hereinbrechende
Nacht begann ein schimmerweißes
Schneelinnen hineinzuweben, so dass der Platz
nett und verlockend aussah wie das Bettchen
reicher Kinder. Und die kleine Betty in der
stillen Kammer lag so ruhig und getrost da, als
wüsste sie das. Die wachsweißen Händchen
hielten, wie spielend, ein kleines Holzkreuz,
das Haar sonnte wie ein Heiligenschein aus
der Spitzenwolke des Sterbekissens, und
um die dünnen, blassen Lippen blühte ein
wehmütiges Lächeln; so schlingt sich ein Kranz
Immortellen um ein vergilbtes Gebetbuchblatt.
Lächelte sie, weil sie schon die liebe Mutter
gesehen hatte, die sie nun seit vier Jahren
beim lieben Gott erwartete? War die kleine

Seele schon auf jungen, schimmerweißen Falterflügeln durch die grauen Nebel, an lauter lächelnden Sternen vorbei, in die ewige Heimat geflogen? Flatterte sie schon über die weite Milchstraße, wo so viele fleißige Engel sitzen, die immer neue Sterne blasen, wie die Kinder auf Erden Seifenkugeln? War sie leicht gar schon nahe beim lieben Gott, der einen großen, silbernen Bart haben musste und eine große, leuchtende Krone? Dorthin dürfen doch reine Seelen?

Und Narben gehen ja nicht durch bis auf die Seele – nicht wahr?

Sie kriechen nur über das kleine tote
Körperchen wie rote, giftige Raupen. – Und
wenn der liebe Gott befiehlt, dass die kleine
Elisabeth mit diesem Körperchen angetan vor
ihm erscheinen sollte, so werden die Wunden
daran sicher schon heil sein, und man wird
selbst im Himmel, wo es doch sehr hell ist,
nicht einmal einen roten Strich mehr sehen.
Und das ist gut; denn der liebe Gott und die
gute Mutter – sie sollen nicht wissen, dass die
Stiefmutter die kleine Betty blutig geschlagen
hat. Und, dass sie's nie erfahren, das betete
wohl die Kleine mit den blassen, gefalteten
Händchen und den stillen, toten Lippen in der
dunklen Leichenkammer.

Seliger Weihnachtstag, da die Kleinen mit
vor Ungeduld trippelnden Beinchen und
leuchtenden Augen an der verschlossenen
Türe lauschen, hinter der sich helle, duftende
Wunder vorbereiten, mit wichtiger Miene der
Mutter zusehen, die den Festtagsfisch schmort
für das Abendessen, und, alte Lieder auf den
frischen Lippen, zum Großmütterchen, das
im hohen Ohrenstuhl am plaudernden Feuer

träumt, hüpfen und ihm die sanften, faltigen Hände küssen. Und dann kommt wohl auch der Vater heim und bringt, Schneeperlen im Barte, ein tüchtig Stück Winter mit und erzählt vom Christkind, das ihm auf verwehten Wegen begegnet ist, und dass es Haare wie eitel Gold hat und die Hände voll bunter, prächtiger Dinge. – Und draußen heult der Sturm, und ein Schlitten klingt irgendwo, und alles ist so geheimnisvoll und so groß und so feierlich, dass man es nie mehr vergessen kann – ein ganzes Leben nicht.

Und die kleine Elisabeth hatte es auch nicht vergessen, dass es einmal so war, als Mutter noch lebte und die fremde Frau mit dem roten Gesichte noch nicht mit am Tische aß. Und sie hockte fröstelnd am Herde, in dem ein wildes, ungastliches Feuer loderte.

Ihre Sehnsucht nach der Mutter war auf einmal gar groß. Und als die dicke Frau sie mit Schlägen aus der Küche trieb, da verkroch sie sich wie ein misshandelter Hund in den letzten Winkel unter dem Dache und weinte dort leise in sich hinein. Und es war, als löste sich alles Schwere, Dunkle in ihr in diesen

lautlosen Tränen. Sie wusste endlich nur, dass
es heute wieder Weihnachten war, und dass
alle guten Kinder fröhlich sein müssen, weil
das Christkind durch die Welt geht.
Der Vater fand sie dort, strich ihr mit zitternden
Fingern durchs Haar und schenkte ihr ein
paar Kreuzer – einen ganzen Reichtum für das
Kind. Und Betty hüpfte empor und schlang mit
lachenden, klaren Augen beide Arme fest um
Vaters Hals.
Das war wie ein Abschied.

Zwei Stunden später trippelte die Kleine, Vaters Kreuzer in der rechten Faust, durch die Gassen des Städtchens. Der Weihnachtstag war weiß und windstill, und der körnige Schnee verbrämte, wie weißes Pelzwerk, die dünnen Schuhe des Kindes. Es lief waldwärts. Bei den letzten Häusern traf es eine kleine Gespielin. Die verstellte ihr den Weg und sagte in überlegenem Tone: „Glaubst du, das Christkind kommt auch zu dir?"

Betty schlug die großen, blauen Augen auf und antwortete mit inniger Überzeugung: „Das Christkind kommt zu allen braven Kindern." Und die Mittagsglocken klangen groß und ernst in den frostroten Weihnachtstag, als sagten sie ein ‚Amen' dazu.

Beim letzten Krämer kaufte Elisabeth um ihre Kreuzer ein paar Kerzchen, eine bunte, lange Flitterkette, Zündhölzchen und ein riesiges Herz aus Lebkuchen. Mit diesen Schätzen beladen lief sie weiter in den Wald, wo ihr schon keine Menschen mehr begegneten, als die, die wegabseits dürres Reisig suchten; und die sahen vergrämt und erfroren aus und achteten nicht des Kindes.

Es gibt eine Stelle im Walde, wo der Abend,
der sein Gold, ängstlich wie ein Geizhals,
hinter den nächsten Berg trägt, zögernd
verweilt, als könnte er sich kaum trennen von
der schönen Erde. Dort stehen langstielige
weiße Blüten, und die wiegen dann ihre
Pracht im veratmenden Winde, wie Kinder,
die dem scheidenden Vater ihre Tücher
nachschwenken. So – sommers. Allein auch
mitten im Winter, da der frühmüde Abend
die roten Sohlen durch den schimmernden
Schnee schleift, rastet er dort und küsst mit
letzter Glut die alte, auf verwitterter Steinsäule
wohnende Wegmadonna, die ihm in einsamer
Wehmut nachlächelt.

Das war der kleinen Elisabeth liebster Platz.
Dorthin war sie oft geflüchtet, brennende
Schläge auf dem Rücken, und hatte der
vergessenen Himmelskönigin ihr Leid erzählt
wie einer Mutter. Und ihr war oft gewesen,
als trüge das Steinbild die Züge des toten
Mütterchens. Und nun hatte sie die Stelle
noch viel lieber. Solang es Blumen gab, verging
kein Tag, ohne dass das Kind den rostigen
Nagel am Sockel mit frischem Schmuck

verdeckte; und, traun, wenn jeder Altar im Lande nur *einen* solchen Beter fände, Gott müsste der Welt näher kommen!

Auch an diesem Weihnachtsabend ging die Kleine den gewohnten Weg und schleppte den Tand, den sie eingekauft hatte, mit sich. Ein stiller Plan machte ihre Augen glänzen und ihre Füßchen eilen. Sie warf der Steinmadonna einen neckisch-ehrfurchtsvollen Blick zu, der besagen sollte: Gelt, ich bin brav? Heut hast du mich nicht erwartet.

Dann ging sie ohne Zagen ans Werk. Jenseits des Pfades, an dem die Betsäule stand, begann ein junges Tannengehölz. Das

kleine Mädchen wählte einen der vordersten
Bäume, dessen Spitze es mit ausgestrecktem
Arm eben noch erreichen konnte, und spannte
die bunte Papierkette um die waagrechten
Zweige, auf denen schon fester Schnee wie
glitzernder Demantschmuck prangte. Dann
tropfte es die Kerzchen an den Astenden
fest, und zugleich mit dem ersten Stern
der Heilsnacht gingen die Lichter an dem
einsamen Weihnachtsbaum auf.

Das war nun wirklich eine große Pracht. Um die
rotschwelenden Kerzchen herum schmolz der
Schnee, und das glitzerte und blitzte, dass es
eine Freude war. Klein-Elisabeth sagte zuerst
ein frommes Sprüchlein vor der Muttergottes
her und rief, auf das strahlende Bäumchen
weisend: „Freuts dich?" Dann biss sie gar
herzhaft in das Lebkuchenherz und stand mit
vollen Backen so nah vor dem leuchtenden
Tannenbaum, dass der Widerschein des
Glanzes in ihren reinen Augen funkelte.

Der ganze, weite Wald schien das Christfest
mitzufeiern. Die hohen, schwarzen Tannen
standen weit im Umkreis wie ehrfurchtsvolle
Beter und staunten das just noch so

unbedeutende Bäumchen an, wie Menschen ein Wunderkind betrachten. Die fernen Sterne sogar schienen sich über der Stelle zusammenzudrängen, um ja nichts von dem Schauspiel zu verlieren und dem lieben Gott und den Engeln und der guten Mutter der kleinen Elisabeth erzählen zu können, was für ein braves Kind sie wäre.

Auf den dämmerigen Waldwegen aber kamen große schwarze Vögel in neugierigen Sprüngen näher. Die könnten auch Hunger haben, dachte das Kind; Betty verspürte keine Furcht, und so teilte sie das mächtige Kuchenherz mit den gierigen Gästen. Ihr ward so froh und so selig, dass sie hätte singen mögen, wenn sie nur ein recht schönes, würdiges Lied gewusst hätte. Die Kerzen waren schon ziemlich tief gebrannt; da setzte sich die Kleine zu Füßen des Heiligenbildes hin mit glücklichen Augen und frostblauen Händchen. Aber vom Frieren fühlte sie nichts. Es war so wunderstill um sie, und wenn sie die Augen schloss, so sah sie sich auf dem Schoß der teuren Mutter sitzen in warmer, traulicher Stube. Die Uhr tickte in gemessenem, behäbigem Takte, und der Wind

schraubte sich in den prasselnden Kamin. Die
Mutter strich ihr leise und zärtlich über den
Scheitel und küsste sie mit roten, weichen
Lippen mitten auf die Stirn. Und sie war schön,
die Mutter, schön, wie die Fee im Märchen von
Andersen, und trug eine seltsame Krone im
reichen, flutenden Haar. Und sie anschauen –
war gut ...

So kam es, dass die kleine, arme Elisabeth
ein schöneres Christfest hatte als die reichen,
satten Kinder in den schimmernden Stuben.
Sie war sehr glücklich. Und dieses Glück
leuchtete auf dem kleinen Gesichte, wie sie
so zu Füßen der Madonnensäule schlief. Die
Händchen waren fest und treu gefaltet, und
vom Steinbild floss ein schwarzer Schatten
über das lächelnde Kind, als hätte die gnädige
Himmelsfrau einen schützenden Schleier
darüber gebreitet.
Das Bäumchen strahlte noch einmal hell auf
in mählich verlöschender Pracht, und es hub
ein Schneien an, langsam und feierlich, als
schwebten alle Sterne zur Erde nieder.

Zwei Waisenkinder gingen an diesem Weihnachtsabend spät aus der Stadt dorfwärts durch den Wald. Und sie erzählten dem Pfarrer im Dorfe atemlos, mit glänzenden Augen: „Wir haben das Christkind gesehen – mitten im Wald. Es lag neben einem herrlich leuchtenden Bäumchen und ruhte aus. Und es war schön, das Christkind, – so schön ..."

Gottes Segen und heilige Freundschaft
zum stillen Fest. Ich feiere es mit Dir im
Geiste, wie jedes Jahr, und bin recht innig froh,
zu denken, dass Du gerade zurecht gereist
bist, um den weihevollen Abend, (so recht den
„Feierabend" des ganzen Jahres,) – in einer
freundlichen Umgebung zu verbringen; nicht
ohne Fremde zwar und allein, aber in jener
stillen und friedfertigen Verfassung, die uns
ermöglicht, alles Heimatbedürfnis nach innen
zu verlegen, an eine überaus geschützte Stelle
des Herzens, wo den Einsamen, gleichsam als
Ersatz für alles, was sie entbehren, deutlicher
und klarer als allen anderen Menschen, das
warme Bewusstsein ersteht, Gottes innige
Heimat durch alle Ferne und Fremde *in sich* zu
tragen. Wie könnte man die geweihte Stunde
tiefer begehen und erleben, als in dieser
rührenden Überzeugung, die, auszeichnend
und demütigend zugleich, das Herz leuchtend
und die Seele gewichtslos macht? Und ist
es möglich in dieser hohen Tröstung zu
verweilen, ohne die Vermutung, dass man sie
vielleicht nicht betreten hätte, wenn weniger
Verfolgung, Prüfung und Unrecht über einen

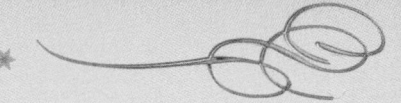

hereingebrochen wäre? Das Schwere, das
uns aufgelegt wird, drückt es uns nicht tiefer
in unser Herz hinein, das wir im Glück nur
zerstreut und oberflächlich kennenlernen? Das
Böse, das auf uns aufmerksam ward, wie oft
hat es uns nicht, wenn es uns auf den Fersen
blieb, in den rechten Weg hineingejagt? Und
bildeten wir nicht hundertmal unter dem
Andrang irgendwelcher Schmerzen die Geduld
aus, die nötig ist, um abzuwarten, dass das
Gute bereit ist für uns und wir selbst reif, es zu
verstehen und zu verwenden?
Unser Leben ist schnell und kurz, Gott aber
ist langsam und ohne Ende: Darum kommen
immer wieder Momente, wo das eine mit dem
anderen nicht vereinbar scheint, und wir sollen
auch nicht wissen, wie es sich vereint: sondern
nur offenen Herzens für das Mysterium da sein,
dass das Große im Geringen Raum hat: Dass in
der Intensität unseres Daseins ein Augenblick
Ewigkeit sich verdichten kann, der mit Gottes
ununterbrochenen Ewigkeiten zusammenfällt. –

Brief an die Mutter Sophie Rilke
am 20. Dezember 1909 aus Paris

Eben sind wir, Ruth und ich, durch den
ersten Schneefallversuch mit einem
kleinen Wagen selber zur Post gegangen,
unsere große Kiste zu holen, die dem
Landboten zu schwer und weitläufig war. Ruth
hatte viele Vermutungen, was sie enthielte
und lauter Ungeduld: da sie aber aufging,
die große Kiste, und dunkel offen stand,
dunkelgrün mit geheimnisvollem Glänzen
zwischen den festlichen Zweigen, da waren
alle Erwartungen über und über erfüllt. Und
nun steht der kleine schimmernde Baum, ganz
als ob alles auf ihn gewartet hätte, vor dem
dunkleren großen; steht und schimmert so
für sich hin, als lächelte es in ihm mit dem
aufgeteilten Lächeln von hundert kleinen
Engeln; schimmert, so dass der graue Tag zu
einer Nacht wird für seinen innigen Glanz;
schimmert, gibt aus, was Sie ihm herzlich
mitgegeben haben, gibt liebevoll aus mit allen
seinen hinhaltenden vollen Zweigen. Ist wie
das Märchen der silbernen Schlange, die wir
plötzlich im Geäst entdeckten und auslösten,
weil Ruth sie um den Hals fühlen wollte.
Ist wie ein ganzes langes weihnachtliches

Märchen, das sich selbst erzählt. Als ich den Baum heraushob, schalt Ruth mich; denn sie hatte vor mir schon die Puppe gemerkt, die bei meinem ungeschickten Griff vornüber zu hängen kam. Zärtlich nahm sie sie aus dem schwarzen Samtband und brachte sie und bewunderte ihr seidenes Kleid mit wissend-sachlichem und geschmeicheltem Entzücken. Rasch wurde die Angekommene in den Puppenkreis eingeführt; die innen tannig ausgeschlagene Kiste wurde zur Puppenlaube; und nun ist dort die ganze Puppenschaft versammelt und feiert die Ankunft der schönen neuen Gefährtin, deren spitzenbesetztes Kleid ihr eine bestimmte Stelle und eine gewisse Überlegenheit sichert für alle Zeit. Da ich aber am Spielplatz vorüber komme, reicht mir Ruth eines ihrer Briefpapiere mit dem Auftrag, Ihnen zu schreiben, was sie mir diktiert. Und gleich darauf bringt sie mir die schon vertraute Puppe in die Stube, damit sie mir „vorsagte", was ich schreiben müsste, wenn ich's etwa vergäße. (Ruth hat schließlich selbst geschrieben, nachdem sie die Puppe nach sich selbst genannt hat.)

Am Weihnachtsabend wollte ich Ihnen telegraphieren. Dann aber schien mir, als ob das zu Ihnen Hin-Denken, das Hindenken in den Ihre Gestalt umstrahlenden Saal und das Gefühl, voneinander zu wissen in der Stille dieser vor Stille singenden Stunde *mehr* wäre und sicherer und seliger, und als ob das Telegramm die Entfernung betonte gegenüber dem lieben Bewusstsein unbeirrter Nähe. Danke für Ihre Briefe und alle Wünsche. Unser Fest war gut; aber es fällt mir von Jahr zu Jahr schwerer, die äußeren Feste zu feiern, selbst dieses nach innen reichende; so sehr möchte ich, dass alles Feiern ganz aus Innen käme.

Brief an Sidonie Nádherný von Borutin am 26. Dezember 1907 aus Oberneuland

Dass auch die schöne Wachskerze bei
Deinen Geschenken lag, machte sie erst
recht feierlich in ihrer Vertraulichkeit; und
das heißt ja wohl Weihnachten: dass beides,
Feierliches und Vertrauliches, wunderbar
gesteigert ineinander reicht.
Aber als ich schon meinte, mit meinem ganzen
Gabentisch fertig zu sein, fiel mir aus dem
Kerzenstern Dein kleiner fünfzeiliger Zuspruch
zu –; und so wars Deine Stimme, Elya, die mir
alles zum Schluss gesegnet hat.

Brief an Else Hotop am 26. Dezember 1918 aus
München

Meine liebe gute Mama, unsere herzliche Sechs-Uhr-Tradition hat lauter frohe und treue Eigenschaften: aber ist es nicht eine der schönsten, die sie uns zugutekommen lässt, dass wir uns nicht allein, jedes Jahr, die alte Weihnachtsfreude schenken, gegenseitig, sondern, dass dieser zwischen uns vertrauliche Gebrauch auch noch die Weihnachts-Vor-Freude aufleben und dauern lässt, die vor der geschlossenen Tür verhaltene, die immer von so starker herzklopfender Bedeutung war! Denn indem jeder von uns, infolge der Entfernung, die unsere Briefe zu überwinden haben, genötigt wird, indem er schreibt, sich einige Tage vor dem Fest schon seine ganze heimliche Gegenwart vorzustellen, ja aus ihr heraus, das zu fühlen, was den Anderen: Dir! – die Sechsuhrstunde betonen und erfüllen soll, ist er unversehens in der großen reichen Vor-Freude drin und spricht mitten aus ihr. Von nirgends her ist ja die Freude erkennbar und ergreifbar als von der Vor-Freude aus. Also, meine liebe Mama, da bin ich, in ihr, in dieser wohlbekannten Vorfreude, die Freude sein wird, wenn Du dieses liest und mich, im Innern

dieser Zeilen, in Deine Arme schließest. Aber
lass mich noch eine Weile bei der Vorfreude
bleiben. Die habt Ihr mich ja, Du und Papa, in
einer unvergleichlichen Weise, gelehrt, mittels
der Vorbereitungen und Überraschungen,
die bei uns zu diesem Fest gehörten. Was
schlug mir das Herz, vom Geburtstag an, über
den St. Nikolaus-Tag auf Weihnachten zu,
und wie steigerte sich diese seine Erregtheit
immer noch mehr, am 21ten, am 22ten,
am 23ten, bis am seltsam ausgesparten
Nachmittag des 24ten, in seinem nicht mehr
zu steigernden Sturm jene Wind-Stille eintrat,
die im Menschlichen mit dem Zuviel beginnt,
und in deren reine Atemlosigkeit dann die
Glocken, die Glockenspiele eindrangen,
die dem Aufspringen der Türen zuvorflogen
durch die Dämmerung des unvergleichlichen
Wintertags. Vielleicht bin ich deshalb, meine
liebe Mama, ein solcher Rühmer der Freude
geworden (sie dem Glück, auch noch dem,
was die Menschen ein großes Glück nennen,
unbedenklich vorziehend), weil Ihr mich zu
so großer Vorfreude erzogen habt und an
diesem einen Tag, in dem so viel Erfüllung

geheimnisvoll zusammenkam, meinem Herzen zumutetet, in der Leistung der Vorfreude, ein Maß der Freude anzunehmen, das völlig unaussprechlich war. Die Freude selbst war es dann ja auch: unaussprechlich. Vielleicht schlug in sie etwas Verwirrung hinein, etwas Taumel fiel über sie her, etwas selige Müdigkeit beschlug sie ... so dass man in ihr nicht mehr so klar, nicht mehr so rein leistend war, nicht mehr so unbeschränkt aktiv wie in dem engelhaften Wehen der Vor- Freude. Dort ging man, man stieg–, hier, in der Freude, war man über einen äußersten Rand gehalten und meinte nicht anders zeitweise, als zu fallen, weich und tief zu fallen. Denn, wer weiß, vielleicht ist das Leben so unendlich diskret, dass die Freude schon Einbildung ist: vielleicht ist ja das ganze Irdische, in seiner letzten Zusammenfassung, in der auch noch der größeste Schmerz, als eine Einzelheit, untergeht, nichts als eine einzige Vor-Freude – und die Freude, die uns hier überträfe, wartet anderswo.

Feiern wir, meine liebe gute Mama, heuer in diesem Sinn unser stilles gemeinsames Fest;

lassen wir's, was die Geburt des Heilands
ja auch war, das Fest der Vorfreude sein.
Denn die Freude war die Erlösung, war die
Auferstehung, war die Himmelfahrt: und siehe:
diese Ereignisse und Offenbarungen der
letzten Freude, der äußersten, übertrafen sogar
Maria so sehr, dass sie ihr nur noch als ein
seliger Schmerz fassbar waren.

Brief an die Mutter Sophie Rilke
vor Weihnachten 1923 aus Muzot

Mein Fest ist schon die letzten Jahre längst so nach Innen verlegt gewesen, und ich glaube, selbst, wenn ich in München geblieben wäre, ich hätte den Abend allein in meiner Stube verbracht als eine Feier der Versenkung, der Herznachdenklichkeit, der Erinnerung. Denn ich bin darauf angelegt, von Kindheit an, ein Einzelner zu sein und keine Familie zu haben und kein Familienfest, – sondern nur ganz weite Zusammenhänge in der ganzen Welt, bin bestimmt, nicht in die Nähe zu fühlen, sondern in die Weite, das erst gibt meinem Gefühl seine ganze Macht, Tiefe und Wahrheit.

Brief an die Mutter Sophie Rilke
an Weihnachten 1914 aus Berlin

Marthe, je t'ecris cette nuit de Noël, parce que c'etait á cette meme nuit que j'avais, dans rnon enfance, un commerce trèsfacile avec les anges. Je croÿais tant qu'ils soient là qu'il me semble de pouvoir même maintenant les attirer à ce moment, non jusqu'á moi mais assez près pour qu'ils entendem l'evocant silence de mon cœur qui les appelle. Je les appelle pour toi, pour qu'ils viennent en ton aide, car tu as besoin d'être aidée; pour qu'ils veillent sur toi dans ces annees peut-être plus perilleuses que celles qui ne furent que franchement néfastes. (…)

Marthe, ich schreibe Dir in dieser Heiligen Nacht, weil es auch diese Nacht war, in der ich, in meiner Kindheit, einen ganz leichten Umgang mit Engeln hatte. Ich glaubte so fest, sie seien da, dass es mir selbst jetzt noch möglich scheint, sie in diesem Augenblick heranzulocken, nicht bis zu mir, aber doch nahe genug, dass sie die aus meinem Herzen rufende Stille vernehmen. Ich rufe sie für Dich herbei, damit sie Dir zu Hilfe kommen, denn Du bedarfst der Hilfe; und damit sie über

Dich wachen in diesen Jahren, die vielleicht
gefährlicher sind als jene, die nur einfach
unheilvoll waren. (...)

Brief an Marthe Hennebert an Weihnachten 1912
aus Ronda

Neujahr – Die Jahre gehen

… Und doch ist's wie im Zug:
Wir gehen vor allem und die Jahre bleiben

Wie sich Geschehenes im Raum verfügt:
Eines ward Wiese, eins ward Baum, eins ging
den Himmel bilden helfen … Schmetterling
und Blumen sind vorhanden, keines lügt;

Verwandlung ist nicht Lüge …

Nun stehen Ihnen noch viele solche Wochen bevor, geteilt zwischen solchen Wegen und Fahrten und den dämmernden Zimmern, in denen das Dunkle dunkler wird und das Glänzende glänzender und alles zusammengehöriger als in den offenen Tagen des Frühlings und des Sommers und jenes Herbstes, der bei Ihnen zu solcher Pracht anwachsen kann. Wie schön ist es dann mit den von draußen kommenden klaren Augen, die, wenn man die Lider ein wenig schließt, ganz kalt sind unter ihnen, in ein Buch hineinzusehen bis sie warm werden: und sicher waren viele Bücher unter dem Weihnachtsbaum, die nun an die Reihe kommen und reichen bis der Frühling kommt und mit ihm Reiselust und Reise. Berlin, das ja eine geschmacklose konfuse und ziemlich sinnlos aufwachsende Stadt ist, wird Ihnen dennoch bei kurzem Aufenthalt und guter Auswahl vieles entgegenbringen. Amsterdam und Brüssel kenn ich nicht. Aber Brügge war (mit Gent und mit den alten fast vergangenen flandrischen Städten Ypern und Furnes) einer der Orte meiner Reise vom letzten Sommer

und der merkwürdigste vielleicht, jedenfalls
der unvergleichlichste. Davon will ich Ihnen
bald erzählen, wie das war. –
Eben, da ich schließe, trifft Ihr Neujahrs-Gruß
ein: ich erwidere ihn auf das Dankbarste und
mit so vielen Wünschen, als ein reiches und
wichtiges Jugendjahr Ihnen zu erfüllen vermag.

*Brief an Sidonie Nádherný von Borutin am 26.
Dezember 1906*

Neujahrsgedicht

Wir
wollen
glauben
an ein langes Jahr,
das uns gegeben ist,
neu,
unberührt, voll nie gewesener Dinge,
voll nie getaner Arbeit,
voll Aufgabe,
Anspruch und Zumutung.
Wir wollen sehen,
dass wir's nehmen lernen,
ohne allzu viel fallen zu lassen von dem,
was es zu vergeben hat,
an die, die Notwendiges, Ernstes und Großes
von ihm verlangen.

Der heutige Morgen fing so strahlend an,
nun wird ein grauer Tag daraus; aber
zuerst war ein Glänzen wie von einem ganz
neuen, nie gebrauchten Jahr. Und die Nacht
war eine helle, ferne, die über viel mehr als
nur über der Erde zu ruhen schien; man fühlte,
dass sie über Meeren lag und weit drüber
hinaus über dem Raum, über sich selbst, über
Sternen, die ihren Sternen entgegensahen
aus unendlicher Tiefe. Das alles war in ihr
gespiegelt und von ihr über die Erde gehalten
und schon kaum mehr gehalten: denn es war
wie ein beständiges Überfließen von Himmeln.
Ich dachte, es würde vielleicht eine
Mitternachtsmette geben, und ging nach elf
Uhr aus; die Gassen und Steige zwischen den
Mauern lagen lang da, wie abgenommene
hingebreitete Fahnentücher, schwarz-weiß,
aus einem Streifen Mauerschatten neben
einem Streifen Licht; denn es war die erste
Nacht nach dem vollen Monde, und er stand
ganz hoch im Himmel und überschien scharf
alle die Sterne, so dass nur da und dort ein
entfernter ganz großer so stark flackerte,
dass etwas Dunkelheit um ihn entstand. Wie

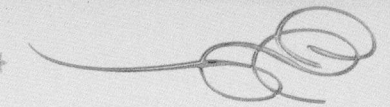

blendeten die beschienenen Mauerränder,
wie war das Laub der Oliven ganz aus Nacht
gemacht, wie ausgeschnitten aus Himmeln,
älteren, nicht mehr benutzten Nachthimmeln.
Und die Berghänge sahen so mondhaft
verfallen aus und ragten aus den Häusern
empor wie Unbewältigtes. Und die Häuser
waren dunkel, und wo die Holzpersianen
nicht vorgezogen worden waren, hatten
die Fenster den fahlen, durchscheinenden
Schein blinder Augen. Auf der kleinen Piazza
endlich, unter dem Uhrturm, stand ein Haufen
junger Capresen in Verabredung. Aus einem
kleinen Kaffeehaus, das, rot verhangen, in
die finsterste Ecke eingefügt war, kam dann
und wann das ungeduldige Aufrasseln eines
Tamburins. Ein Torbogen überspannte eine
enge Gasse, die aufwärts führte, und griff ein
Stück Himmel herein mit seiner Wölbung und
hielt es ihr an. Ein Schritt in Holzschuhen
klappte die Häuser entlang, die Uhr hob an
und schlug das letzte Viertel vor Mitternacht.
Aber die Kirche war zu, wie seit Jahrzehnten
verschlossen.
Und was da fernher und doch eigentümlich

durchdringend, von den Olivenhängen und aus
den Weingärten herüberklang, das war kein
christliches Singen. Schwere Blumen, alter
schwankender Klagen voll, langgezogen ohne
Anfang, nicht als setzten sie plötzlich ein, nur:
als würde das Ohr unvermutet eingeschaltet
in ein immer dauerndes Tonhinhalten;
Stimmen, wie wieder herausgeholt aus dem
Gehör entlegener Berggesichter; Stimmen,
die von selbst entstehen, als finge sich
Nachtwind in der Seele eines Tieres; lange,
schwere, schwankende Stimmen, Rufe und
Rufreihen einer uralten Naturtrunkenheit,
dumpf, unbewusst, mehr ertragen als gewollt,
und dazwischen Gelächter, flammenhaft
hervorbrechend und sich schnell verzehrend,
kurz, wach und warm wie aus einer
Sommernacht, und dann wieder Mondschein;
Wege, Mauern, Häuser, eine Erde aus
Mondschein, aus Mondschatten, die stille
hält, während es seltsam bedeutungsvoll
Neujahrsmitternacht schlägt, langsam
Schlag auf Schlag legend: jeder ganz glatt,
ganz ausgebreitet, faltenlos, als sollte er so
aufbewahrt werden.

Ich war wieder zu meinem kleinen Hause
zurückgegangen und stand oben auf seinem
Dach und wollte in dem allem ein gutes Ende
sehen und einen guten Anfang in mir finden.

*Brief an Clara Rilke am 1. Januar 1907 von Capri,
Villa Discopoli*

Alle, welche dich suchen, versuchen dich.
Und die, so dich finden, binden dich
an Bild und Gebärde.

Ich aber will dich begreifen
wie dich die Erde begreift;
mit meinem Reifen
reift
dein Reich.

Ich will von dir keine Eitelkeit,
die dich beweist.

Ich weiß, dass die Zeit
anders heißt
als du.

Tu mir kein Wunder zulieb.
Gib deinen Gesetzen recht,
die von Geschlecht zu Geschlecht
sichtbarer sind.

Du darfst nicht warten, bis Gott zu dir geht
und sagt: Ich bin.
Ein Gott, der seine Stärke eingesteht,
hat keinen Sinn.
Da musst du wissen, dass Gott durchweht
seit Anbeginn,
und wenn dein Herz dir glüht und nicht verrät,
dann schafft er drin.

Das XIX. Sonett an Orpheus

Wandelt sich rasch auch die Welt
wie Wolkengestalten,
alles Vollendete fällt
heim zum Uralten.

Über dem Wandel und Gang,
weiter und freier,
währt noch dein Vor-Gesang,
Gott mit der Leier.

Nicht sind die Leiden erkannt,
nicht ist die Liebe gelernt,
und was im Tod uns entfernt,

ist nicht entschleiert.
Einzig das Lied überm Land
heiligt und feiert.

Zeittafel

1875	Am 4. Dezember wird Rainer Maria Rilke in Prag geboren.
1882	Eintritt in die Piaristen-Volksschule in Prag.
1891	Besuch der Handelsschule in Linz.
1894	Sein erstes Buch „Leben und Lieder" erscheint.
1895	Studium der Kunst- und Literaturgeschichte in seiner Heimatstadt Prag.
1896	Fortsetzung des Jurastudiums in München.
1899	Reise nach Moskau und St. Petersburg. Begegnungen mit Tolstoi und Pasternak. Es entsteht der erste Band des „Stunden-Buches" unter dem Titel „Die Gebete".
1901	Umzug nach Worpswede und Heirat mit Clara Westhoff. Am 12. Dezember wird die Tochter Ruth geboren.

1902	Übersiedlung nach Paris und erste Begegnung mit Rodin.
1905	Sekretär bei Rodin. Im Herbst erscheint das „Stunden-Buch".
1906	Zerwürfnis mit Rodin und Reise nach Capri. Sein berühmtestes Werk „Die Weise von Liebe und Tod des Cornets Christoph Rilke" erscheint.
1908	Rückkehr nach Paris. Es erscheinen seine neuen Gedichtbände.
1912–1914	Reisen nach Venedig und Spanien
1914	Rückkehr nach Deutschland, wo er aufgrund des Kriegsausbruchs bis 1918 bleiben muss.
1919	Reise in die Schweiz.
1921	Einzug in das Château de Muzot im Wallis.
1922/23	Seine berühmten Gedichtsammlungen „Duineser Elegien" und „Die Sonette an Orpheus" erscheinen.
1925/26	Letzte Reise nach Paris.
1926	Am 29. Dezember stirbt Rainer Maria Rilke an Leukämie in Val-Mont.

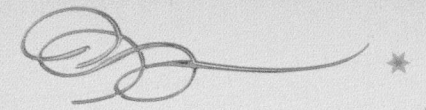

Inhaltsverzeichnis

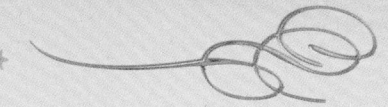

Literaturverzeichnis

Rainer Maria Rilke, Gesammelte Werke in
fünf Bänden, hrsg. v. Manfred Engel, Insel
Verlag, Frankfurt am Main 2003.

Rainer Maria Rilke, Gesammelte Briefe in
sechs Bänden, hrsg. v. Ruth Sieber-Rilke /
Carl Sieber: Band 1: Briefe aus d. J. 1892–
1904; Band 2: Briefe aus d. J. 1904–1907;
Band 3: Briefe aus d. J. 1907–1914 und Band
4: Briefe aus d. J. 1914–1921, Insel Verlag,
Frankfurt am Main 1939.

Rainer Maria Rilke, Briefe an die Mutter: 1896
bis 1926, hrsg. v. Hella Sieber-Rilke: Band 1:
1896–1909, Insel Verlag, Frankfurt am Main
2009.

Rainer Maria Rilke, Erste Gedichte: Larenopfer,
Traumgekrönt, Advent, 3. Aufl., Insel Verlag,
Frankfurt am Main 1994.

Rainer Maria Rilke, Winter, ausgew. und mit
einem Nachw. v. Thilo von Pape, Insel
Verlag, Frankfurt am Main 2003.

Rainer Maria Rilke, Weihnachten mit Rilke, hrsg. v. Antje Erdmann-Degenhardt, Aufbau Verlag, Berlin 2004.

Rainer Maria Rilke, Briefe, Gedichte und die Erzählung „Das Christkind", ausgew. und mit einem Nachw. v. Hella Sieber-Rilke, Insel Verlag, Berlin 2010.

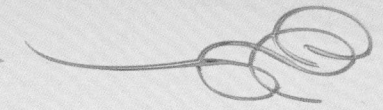

Fotonachweis

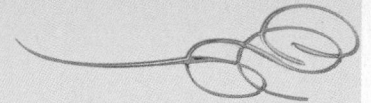